高校生のための人生設計ガイド・ブック

山本眞司

文芸社

まえがき

私が数十年前に、大学受験を考えた時には旺文社の『蛍雪時代』という雑誌が、唯一の参考資料でした。私は、初志貫徹という目標を立て、精一杯に努力しました。あまり裕福ではない家庭でしたので、いろいろなアルバイトをしました。幸い志望の大学に入れましたので、優れた教授に講義をしていただき、本当によかったと思います。

昨今の高校生の事情については、新聞やテレビを通じて知っているだけなので、十分にお役に立てるとは思いませんが、少しでも皆さんの人生設計に役立てることができれば幸いです。皆さんは、二十一世紀の日本を背負っていく大切な存在です。二十一世紀の日本が素晴らしい国になることを希望します。

著　者

目次

第一章　進学か就職かの選択

高校二年生になると、学校でも、進路について、相談にのってくれる先生がおられると思いますが、専門の科目とは関係の薄い分野については、十分な回答が得られないと思います。

将来、どんな職業に就くかで、進学か、就職かの進路を決めなければなりません。例えば、お医者さんになるには、大学の医学部を卒業して、国家試験をパスしなければなりません。この反対に中小企業診断士は、中学さえ卒業していたら、実力で資格を取ることができます。参考になるのは、高校の科目で好きなものがあるかどうかです。体育が好きな人は、西武ライオンズの松坂大輔君のような道がありますし、体育大学に入って、体育の先生になる道もあります。勉強が好きではない人は、自分が何が好きなのかを考えると、おのずと解答は出ます。例えば、調理師、理髪師等です。調理師でも、東京の大ホテルの場合は、大会社の部長くらいの収入があります。このように、同じ職業でもピンからキリまでであります。ただし、何であれ、各種学校か専門学校で勉強しなければなりません。

　普通科で、何となくサラリーマンかＯＬになろうと考えている人は、産業についての知識が少し必要です。女子の場合は、結婚して主婦という道がありますが、男子の場合は、親から独立して生活しなければなりません。

　それでは、二十一世紀に成長する産業について説明しますと、まず、ＩＴ（情報技術）の分野です。コンピューター、デジタル・カメラ、携帯電話、デジタル・テレビ、ＤＶＤ等に関係するものです。ハード（機械そのもの）とソフト（プログラム等）に分かれます。

　次に、金融関係の資産を増やす分野です。アメリカでは、個人の金融資産の半分以上が株式です。銀行もコンピューターによって、その業務の内容を変えるでしょう。お金の出し入れは、ＡＴＭ（端末機）がコンビニエンス・ストアに設置されるようになりましたから、いつでも出し入れができることになります。銀行の業務は、フィナンシャル・プランナーのような仕事が中心となります。つまり、手作業でやっていた仕事が、ＡＴＭですべてできるようになります。銀行員を志願する人は、このような業務についての理解が必要です。ひとことで言えば、銀行は証券会社に近づくことになります。

　六十五歳以上の老人がますます増加すると思われるので、老人を世話する産業も有望です。老人を世話する介護福祉士は、短大卒の学歴が必要です。

進学を希望される人は、前述のどんな仕事に従事したいかを決めてから、大学と学部を決めることです。昔は東大法学部が、サラリーマンになろうとする人の目標でした。しかし、倒産した日本長期信用銀行等には、たくさんの東大出がいましたが、不況のためリストラされた人がいると聞いています。

私が、神戸大学経営学部を受験した理由は、当時、経営学部が日本にただ一つしかなかったことと、日本で最高レベルの教授が多数おられたからです。なかでも経営学部長の平井泰太郎先生は、神戸大学に経営学部をつくられた世界的な方でした。会計学の山下勝治先生は日本一の存在でした。平井先生が教えて下さった講義の内容は、ほとんど忘れましたが、覚えているのは、第一次世界大戦のときにドイツに二人の兄弟がいて、兄は酒飲みで、毎晩ビールやワイン等を買ってきて飲んで、空のビンを床下に放りこんでいました。弟は銀行に預金していました。戦中、戦後のインフレで、ビンは百倍くらいの価値をもち、兄は一財産ができたのに対して、弟の預金の価値は百分の一くらいになったという話です。これは経済の真理だと思います。太平洋戦争時の国債についても同じことが言えます。

このように、大学の教授等に関する情報は、旺文社の『蛍雪時代』という雑誌で得たのです。それと、ラジオで大学受験講座（国語、英語、数学等）を聞くことができました。講義が始まる直前にハイドンやベートーベン等のクラシック音楽を約三十秒間聴くことができました。それまでは、流行歌と学校で習った音楽しか知らなかった私に、クラシック音楽を聴く楽しみを教えてくれた旺文社に感謝しています。物理が好きだったのですが、その頃は高校の物理の先生しか職がありませんでした。それで、神戸大学に志望を変えたのです。入学試験を受けるために初めて神戸の街を見た時の驚きは、青や赤の屋根ガワラの家が、たくさん見えたことです。背景の六甲山の緑と調和して、素晴らしい感動を与えてくれました。

理科系の学部を志望される人は、物理、化学、生物は必須です。医学部を志望される人は、受験科目の物理と化学か、化学と生物の二科目だけ単位を取る傾向がありますが、それでは、将来に大きな悔いを残すことになります。例えば、生物における光合成は、太陽によって、炭酸ガスと水から、でんぷんや糖などの有機化合物がつくられるのです。つまり、生物と化学は密接な関係にあるのです。大学に入ってから勉強するのも悪くありませんが、高校時代は、自分の能力を発見するためには、最も適した時期です。受験だけというケチな考えはやめて下さい。東大医学部の教授にも、そのような人がいました。物理を学んでいなかったそうです。医学は、昔とちがって、多くの電子機器（例えばＭＲＩ、レントゲン）を使います。すべて物理（電気、電子等）の知識が必要です。東大や京大を志望する学生の多い有名な高校に、受験科目しか勉強しない生徒が多いと聞いています。

私の場合は逆でした。日本史で島崎藤村が「破戒」という小説を書いて、被差別部落出身の教師の問題があったことを教わると、図書館でその本を借りて読みました。登山にたとえると、先輩や先生に案内してもらって頂上まで行ったとしますと、その道のことは覚えますが、それ以外の道のことは分かりません。逆に、単独で登ると、道に迷って頂上に着くのは遅れますが、自分でいろいろの体験をします。これが貴重なのです。

マッキンレーを登った故植村直己氏は犬だけを連れていつも単独でした。中学校や高校の優等生は先生の話をよく聞いて、その内容を理解し記憶しますが、それが将来どのように変わっていくかという点では落第生です。昔から東大に〝五月病〟というのがあり、入学して一カ月くらいで、自分は何をしていいのか分からなくなり、ノイローゼになるのです。京大でも同じです。十八歳か十九歳で不登校症になるのです。

結論は、自分でいろいろな問題に出合った時、父兄や友人の意見を参考にして、自分で解決することです。一年や二年くらいは浪人してもいいと思います。人生は約八十年です。この長い人生をできるだけ楽しく生きて、少しでも社会にお返しできれば、本望ではないですか。

第二章　志望大学の決定について

第一章で述べたように、自分の将来の職業を決めて、あとは全国にたくさんある大学の学部が決まったら、東京か京都か大阪かという場所の決定が大切です。

私は全国の大都市に住んだ経験から、これらの都市について説明します。東京は、ほとんどの点で合格ですが、人口が多いために、部屋代（家賃）が高く、安いところは都心から一時間三十分くらいの通学時間を必要とします。新入社員の時、練馬から一時間四十分の通勤をしました。もちろん、満員電車です。大阪は商工業の街です。ほとんどの点で合格ですが、緑が少ないのが欠点です。しかし、大阪駅（ＪＲ）から電車で三十分くらいのところでは、緑の多い郊外があります。西宮市、豊中市、吹田市、高槻市、芦屋市、尼崎市は家賃も高くなく、アルバイトをする学生には最適です。京都は、アルバイトが大阪に比べると少ないようです。それ以外は満点です。

札幌は寒さと地の利という点とアルバイトが少ないということ以外は満点です。仙台はアルバイトが少ない点を除けば、非常にいい街です。緑が多く、人情味のある市民、おいしくて新鮮な魚が食べられる等、理想的なところです。新幹線が開通して、東京から日帰り出張するサラリーマンが増えました。横浜は東京のベッドタウンの要素が大きくなりました。大学の数は少ないですが、住みよい街です。名古屋は偉大なる田舎といわれたくらいで、住みやすい街です。神戸は私の第二の故郷です。すべての点で申し分ありません。京都は古い文化の、神戸は新しい文化の街です。神戸は日本の各地や外国からの観光客で、いつも活気に満ちています。神戸港の夜景は、世界一の美しさを誇ります。福岡は新幹線の通る西端の街です。この点少し不便ですが、他は申し分ありません。

志望する学部が決まれば、家からどれくらいの送金が可能かを家庭で決定して下さい。日本育英会、アルバイトの三本で余裕をもって生活できる街の大学、学部を選んで下さい。

第三章　就職する人へ

いまや二十一世紀です。第一章で成長する産業について述べましたが、それらの問題点について、説明しましょう。

ＩＴ関係の中でも、コンピューターは最も成長する産業です。真空管、トランジスター、ＩＣ（集積回路）と技術革新が行われて、電子機器の中には、すべて半導体のシリコンでできたマイコンが使われています。例えばビデオ・デッキの録画の時間設定に使われています。

これらの中でも、パソコンと携帯電話は、共に家庭で使われる身近な機器です。インターネットは、どちらからでもできますし、携帯用のテレビ電話も電気屋さんの店頭に並べられると思います。パソコンは専門的な知識が必要ですが、携帯電話は、それほど高度な知識を必要としませんから、この販売員の必要性は増すと思います。現在、老人（六十五歳以上の）は、あまり使っていませんが、本当に必要なのは彼等です。病気等の時に必要ですし、老人の楽しみである友人との会話（チャット）に最適です。だから、携帯電話について、時間があれば十分な勉強をしておくことです。

デジタル時代が、カシオの腕時計とともにやって来て、携帯電話の普及により本格的になりました。デジタル・カメラは、フィルムを使わないで、メモリーに記録していくだけですから経済的です。履歴書に張る写真をよくするために、三十くらいの写真をメモリーに撮って、その中で気に入ったのがあればプリントすればよい。将来、お見合いなどにも利用できますから、一家で一台は購入したいものです。

入社試験等に、デジタルの説明を要求されることがありますから、簡単に説明しますと、反対語としてアナログがあります。針のついている時計はアナログで、数字のついているのがデジタルです。携帯電話は、ほとんどデジタルです。

デジタルは、数学の二進法に基づいています。高校までに勉強したのは、十進法です。0から9までの数字で、数値が表示されます。二進法では、0と1で表示します。2から9までの数字は使いません。

二進数は、二価状態に対応します。つまり、電流が流れている時を1とします。そうでない時が0（ゼロ）です。計算を簡単にするために1に1を加えると、桁が繰り上がります。ソロバンでやってみると、よくわかります。五ダマの他は、セロテープで動かなくします。五ダマだけの計算をするのです。五ダマが上にある状態が１で、下の状態のときが、０（ゼロ）です。１に１を加えると10となります。さらに１を加えると、11になります。さらに１を加えると１００になります。二進数で表示された１００は十進数の４です。１０００は８（十進法）です。１００１は９（十進数）です。この単位をコンピューターのメモリーでは、ビットといいます。０から９（十進数）は、００００～１００１（二進数）と表示されます。コンピューターの中では、掛け算は掛ける数だけの回数を加えます。割り算はその回数だけ、引き算をします。コンピューターは、このようにした方が、回路が安価で簡単にできるのです。携帯電話は、声を０と１に変えて、電波として遠くまで届けるのです。テレビも電波で映るのです。欠点は、地下鉄の駅などで地上からの電波の届かないところにみられます。

東京や大阪のような都会では、地下に電波が届くように、地下にアンテナを設置しています。それと、この電波（電磁波）は強いため、他の電子機器に影響します。なかでも、心臓のペース・メーカーに作用しますと、これが止まったりしますから、病院では電源を切ることを頭に入れておいて下さい。数字は、４ビット（４桁）で、文字は８ビットでつくられます。携帯・テレビ電話では、顔などを送信するために、非常に多くのビットが必要です。これらのデータを送るスピードは、携帯電話と通信回線によって異なります。ふつう、携帯電話でメールを送るときは、一秒間に六万四千ビットの速さが用いられます。大量の映像を送信するときは、この何十倍もの速さで送受信します。この原理を理解しておけば、どのような問題も解決します。

半導体というのは、ゴムのような絶縁体と、正反対の金や銅などの良導体の中間にある物質で、シリコンが代表的なものです。温度を三十度くらいにすると電気を通し、二度くらいにすると逆の性質をもちます。中間導体とすれば、分かりやすいのですが、英語のセミコンダクターから「半導体」と訳されました。

携帯電話の原理が分かりましたね。将来どのように技術革新がなされても、同じことです。将来（二〇〇五年くらい）は通信料金も安くなれば、ますますインターネットによるビジネスが行われることと思います。なぜかというと、人件費に比べると安く、また速いからです。

会社を選ぶときに注意しなければならない点は、労働条件です。百貨店の店員さんは都会の華ですが、朝十時から夜八時までの勤務で休みは少ないです。公務員は、土、日曜が休みです。学校の先生は、反対にサラリーがそれほど多くありません。

私の場合、コンピューター会社の社員でしたので、給料やボーナスは満足でしたが、深夜も働く必要があり、好きな音楽を聴く時間がなく、独立しました。

最後に、ひとつ加えたいことがあります。日本でも終身雇用制がなくなると思いますので、何か国家試験のある職業の勉強をしておくと、まさかの時に役に立ちます。

第四章　購入すべき辞書等

現在、すでに持っている人を除いて、英語とフランス語の辞書を選んでみました。私が使っているものは用例が多く、特に会話の例が便利です。小学館の「プログレッシブ英和中辞典」と旺文社の「プチ・ロワイヤル仏和辞典」です。それと学研の「現代新国語辞典」です。ドイツ語はよく分かりませんので、入学後に先生に相談して下さい。余裕があれば自由国民社の「現代用語の基礎知識」を購入して下さい。

雑誌はＰＨＰ研究所の「ＰＨＰ」が安価で、ためになることが記載されています。

新聞は読売、朝日、毎日の三紙が良いと思いますが、社会科学（経済、法律等）を勉強される人は、サンケイ（産業経済新聞）の講読をお薦めします。日本経済新聞は大学を卒業してからの講読をお薦めします。

第五章　英会話の勉強法

日本人が英会話が得意でないのは、中学校や高校での教育方法に問題があると思います。学校で教えてくれる英語と、英米人の英語との差は、スピードにあります。会話をマスターするには、ＢＧＭ（音楽）のように聞き流す習慣をつけることです。初歩から、かなりのスピードのものを、一日に三十分以上、ＢＧＭのように毎日聴いて下さい。一年でかなり上達します。赤ちゃんは脳が未発達ですから、お母さんの話しかけに対して、ただ聞き流しているだけです。三歳児でも立派に話せるのですから。要は繰り返し何度も聴くことです。

第六章　日本国憲法について

政治家は憲法改正とか、改正反対とか言っていますが、どこが問題で、どのような問題解決法があるかについて述べていません。

日本国憲法が制定されて約五十年経過しましたが、致命的な欠陥があります。司法、立法、行政の三権の独立をいいながら、最高裁判所の長官は、内閣総理大臣が任命するという点です。国民が直接に最高裁判所長官を選ぶようにしなければなりません。

このほかでは、立法を監視するところがありません。例えば、平成に入って、消費税が導入されましたが、当時の竹下登首相は、広く薄く国民に課税すると述べました。これが戦後最悪の不況をもたらしました。広くということは、すべての企業と個人（一年間の売上額が三千万円以上）の売上額の三％を消費税として、国の歳入にしました。我が国では、初めての本格的な間接税です。平成九年に橋本龍太郎首相は三％から、五％に引き上げました。これが、我が国の経済だけではなく、世界の経済に大きな影響を与えました。企業や商店の倒産は、未曾有《みぞう》のものとなりました。

分かりやすくするため、例をあげましょう。コンビニエンス・ストアで、食パンを一袋買って、その代金を百円としますと、レシートに五円の消費税が課されることを示す印字が見られます。そのため、消費者はこの五円だけだと思いますが、実際は、その十倍くらいの額になるのです。食パンの原料は小麦で、アメリカの農家（会社の形態をとっていることが多い）から、日本の商社（例えば三井物産）が、アメリカで購入します。ほとんどの小麦は、ニューヨーク港から船会社（例えば日本郵船）によって日本に運ばれます。この運賃収入が、消費税の対象となります。これが百万円だとすると、五万円の消費税がかかります。

荷物を運ぶ時は、損害保険をかけます（例えば東京海上火災保険）。この保険料収入が、消費税の対象となります。神戸港に着いたら、荷物を船から岸に降ろさなければなりません。港湾運送の仕事です(例えば上組)。荷物を降ろすのに機械を使います。これは電気で動きますから、電気の料金が消費税の対象となります。この荷物（小麦）を製粉業者の工場に運びます。運賃と損害保険料が消費税の対象となります。トラックの燃料は石油会社の売り上げですから、その売上額に消費税が課されます。製粉業者（例えば日清製粉）の工場では、小麦をメリケン粉にするのに、ミル（臼の巨大なもの）を使います。これは電気で動きますから、その電気の使用料が消費税の対象となります。製粉業者の売り上げに消費税が課されます。

メリケン粉を入れる紙の大きな袋を使用しますから、その袋の売り主の売り上げに消費税が課されているのです。メリケン粉の入った袋は製パン業者に運ばれます。運賃と損害保険料が消費税の対象となります。パンを焼くためには、メリケン粉のほかに、水、食塩、ミルク、イースト菌、色素、防腐剤などを使います。これらはすべて消費税の対象となっています。出来上がった食パンを包装するのに、透明なラッピング・ペーパーを使います。包装する機械も電気で動きます。これらも消費税の対象です。このあとで、小売店に運送されます。もちろん、運賃のほかに損害保険料が必要です。これも消費税の対象です。デパートやスーパーに並べられているのを私たちは買うのです。

以上は、全体の九割ぐらいの説明です。したがって、数学のような正解は出ません。これらの和を出すと、百円の食パンでは、約五十円が消費税によって原価が高くなっています。

一般的に政治家は雄弁ですが、その政策はほとんどが行政（財務省、文部科学省等）によってつくられます。

結論としては、立法を監理する立法裁判所が必要だと思います。

そのほかでは、沖縄県の米軍基地がよく問題となります。約四十年前に、日本はアメリカ合衆国との間で安保条約を締結し、アメリカ軍に日本の防衛をやってもらっているのです。当時は冷戦時代として、アメリカとソビエト連邦が対立し、互いに軍事拡大を実行し、原爆は地球を何百回も攻撃できるほど、たくさんつくられました。その核の恐怖から守るために避難壕までできました。さらに宇宙への展開と競争はエスカレート（拡大）しました。ソビエト連邦の崩壊は、マルクス・レーニン主義を奉じた共産党の全体主義（国営企業の非能率さ、官僚主義による低い生産性等）に、人間の尊厳のシンボルである自由がなかったことによりました。ドイツは東と西に分断されていたのが一つのドイツとなり、世界はイデオロギー（思想）による紛争より、むしろ宗教や領土（海上での支配可能なところも含む）上のトラブルによるものが多くなりました。

日米安保体制上、基地をなくすことは不可能ですが、世界の情勢から、半分ぐらいに減らすことができるように思われます。同時に、自衛隊も三割ぐらいに減らすべきです。この費用を医学の進歩にまわせば、ガンやエイズ等の病気を治す方法（遺伝子によるもの、放射線によるもの等）が、見つかると思います。例えば、世界中の秀才を集めて十年間ぐらい生活の心配が一切ないような研究所をつくるとよいでしょう。

外国人の地方参政権については、私は反対です。本当に日本が好きで、参政権が欲しければ、日本に帰化すればよいからです。

そのほかいろいろ検討すべき点がありますが、日本国憲法はその最高理念（考え方）として、主権在民、恒久の平和、自由、平等を旨としているところから、世界でも最高の法であります。昨今、問題となっている集団的自衛権は、昔のヤクザと同じで、仲間（友人）がやられたら、それを阻止するという極めて低レベルの問題であります。第九条は、自衛のために、最低限の軍備を持つと改定すべきです。

江戸時代に徳川幕府が、士農工商という身分制度を維持するために特に力を入れたのが年貢（税金）で、農家に生産した米の大半を納めさせていました。そのため農家は貧しく、子供の身売りをした話は、中学校の社会で教わりました。「水呑み百姓」という言葉は、食べる米がなくて、空腹を満たすために水を呑んだ事実によるそうです。少年の頃に見た映画で、水戸黄門は天下の副将軍でありながら幕府の政策に反対して、旅をしながら世直しをする物語です。今でもテレビで見られますが、いつも最後はワン・パターン（決まった一つのこと）で、「この印籠が目に入らぬか」というセリフで悪代官が土下座するシーン（場面）が印象的です。

幕府の取り立てだけでも大変なのに、それに輪をかけて悪賢いのが悪徳代官でした。マスの目盛りをごまかしたり、いろいろな方法で取り立てを厳しくしたのです。これを苛斂《かれん》誅求《ちゅうきゅう》といいます。皆さんは日本史で教わったと思いますが、これらの農民を救済するために、乱が起こされています。大塩平八郎の乱は知っていると思います。農民は勉強する時間もないほどの生活を送っていました。「民はよらしむべし、知らしむべからず」ということを日本史で教わりました。この意味は、農民に学問をさせると徒党（グループ、集団）を組んで、幕府に対抗する恐れがあるから、それをさせない政策をとることによったのです。正確ではないかもしれませんが、年貢米の納入だけを目的としたものです。彼等には学問の自由がありませんでした。田を売って、他の職業につく人もいましたが、その理由は年貢米を納めるためでした。学問の自由、結社（仲間で集団をつくること）の自由、職業の自由はありませんでした。

　封建時代の特徴は、個人ではなく家が中心です。今でも、山本家というように家の考えが残っています。結婚式場で見ることができます。皆さんが将来結婚する式場から、この家の立て札を追放して、山本一郎、田中花子の結婚式式場と大きな立て札を立てて下さい。山本家や田中家は、全国で十万ぐらいありますから。結婚の相手を見つけるのに見合いがほとんどでしたが、欧米のような社交場（教会、ダンス・パーティー等）がありませんでしたから、仕方がなかったのです。結婚式の式場で相手の顔を初めて見たというケースもあったそうです。つまり、結婚は男性の父と女性の父が、家を繁栄させるための手段として相手を選んだのです。結婚の当事者には相手を選ぶ自由がなかったのです。

明治二十二年二月十一日（紀元節）に公布された大日本帝国憲法は終戦（昭和二十年八月十五日）によって効力を失いました。その内容は、天皇を中心とする国家体制（国体）のもとに、欧米に追いつくためのものだったようです。日本国憲法に比べるとおそまつなものですが、当時としては、まあまあの憲法だったと考えられます。長い鎖国の後の日本には、人材もいなかったからと考えられています。「天皇のため」の一言で、すべての判断がなされたのです。昭和の初期においては、特に思想や学問（特にマルクス主義等の左翼のもの）に対する弾圧は極めて強く、作家の小林多喜二に見られるような拷問は相当ひどかったようです。私が知っている例では、共産党に関係のある書物を持っていただけで、特別高等警察（特高）に連行され、取り調べられ、ブタ箱に放りこまれて、精神が異常になった高校生（旧制）がいました。太平洋戦争への突入で日本は欧米から経済封鎖を受け、食糧が不足し、学校の運動場はサツマイモやカボチャをつくる畑になりました。このおかげで空腹を満足させることができたのです。

このような戦争は絶対にしてはなりません。憲法第九条で戦争の放棄、軍備及び交戦権の否認を定めながら、自衛隊という戦力を持っているのです。前述のように自衛という目的だけの戦力にすべきです。

日本国憲法のその他の特長を述べてみると、宗教の自由(信教の自由)、表現の自由、通信の秘密、居住の自由（どこにでも住めること)、移転の自由、教育を受ける権利（義務教育が最小限）と義務教育の無償、裁判を受ける権利などがあります。

太平洋戦争の終結によって、私たちは日本国憲法のもとで、これらの権利が保障されたのです。この憲法に反する法律はすべて無効です。

第七章　人生の伴侶としての音楽

人間はすべて一人で生まれて、一人で死んでいきます。最良の伴侶としての音楽（好きなジャンル）を聴く趣味をもってほしい。私の場合は、クラシックを中心として、広く聴くことにしています。人間は、いつかは死ぬ。友人との別れ、配偶者の死等、辛いことは、いつやって来るか分かりません。傷ついた心を慰め、励ましてくれるのが音楽です。何でもいいから、好きな分野のＣＤ（アルバム）を三十枚ぐらい揃えてほしい。懐かしい曲を聴くと、昔の思い出が人生を豊かにしてくれます。

第八章　人生の伴侶としての書物

音楽には及びませんが、書物も人生の最良の伴侶です。幼児の時に母に読んでもらった絵本（おとぎ話）は、今でも覚えています。桃太郎や金太郎などは正義や勇気などを教えてくれました。中三の時、兄が読んでいた芥川竜之介という人の作品に「人生はマッチ箱みたいなもの」という句がありましたが、これで彼に失望をしました。人生はマッチ箱のようなものではないと思いました。彼は、マッチ箱を粗末に扱うと火傷《やけど》をすると言いたかったと思いますが、人生はもっと重いのです。その頃、大人たちの中には、ヒロポンという覚醒剤を注射して中毒状態になり、人生を棒に振った人がいました。マッチ箱を飲みこんで、気管をつまらせるような大人はいませんから、いくら取り扱いがまずくても軽い火傷をするだけです。高校生になってからも、芥川竜之介の書物は一切読んでいません。私は山本有三や川端康成の本を読みました。書物は、人生の先輩の体験談を知るためのよい方法です。興味のあるものを読めばいいのです。随筆はまさにこれです。中学生の時に、勉強（国語の授業）した「徒然草」や「方丈記」などは、今でも覚えています。詩も不思議に記憶しています。「山の彼方の空遠く、幸い住むと人の云う……」の詩も中二の時に教科書で覚えたのです。「故郷のなまり懐し停車場の人ごみの中にそを聞きに行く」という短歌は石川啄木の東京生活の様子が想像できます。森鷗外の「ヰタ・セクスアリス」も読み、人生における男としての苦しみと悩みが同性として理解できました。

読書は、なるべくページ数の少ないものを対象とするとよいと思います。トルストイよりもドストエフスキーの方が、手軽に読めます。要は、気楽に読める本を選べばいいのです。

第九章　人生の目的について

五木寛之氏は著書の中で、人生の目的は生きることと書いておられますが、それだけでは馬や牛と同じです。私たちは祖先や父母、先生等、多くの人のお世話になっています。だから、この受けたものよりも、ちょっとでも多くのものをお返ししなければなりません。この点に人間の存在理由があります。

お豆腐屋さんは、大豆、にがり、水等の材料と器具を使って、お豆腐や油揚げ等を作ります。大工さんは、木と土と紙などで、道具を使って家を建てます。農家は種をまいて、それを増やし、我々の食事に提供してくれます。社会は非常に多くの人々の小さな働きが一つとなって経済（市場）をつくっているのです。自給自足の古代社会になかった現象です。

つまり、入力したものを加工して、出力するパソコンに似ています。

第十章　不登校について

私は高校一年生の時に、不登校をやりました。一学期だけ登校しましたが、兄が病気になったのが直接の動機です。二年間の休学をしました。その間、下駄のメーカーや、製材業のところなどでいろいろの仕事をしました。その時に、人生とは何だと大きな疑問を持ちました。兄は勉強と運動の両立を図りながら、東大を目指していました。そのため、相当の無理をしたようです。尊敬していた兄の挫折は、非常に大きなショックでした。

皆さんが学校が嫌になって不登校をしたくなったら、大人になったと思って下さい。そして休学の手続きをとって下さい。半年後、もしくは、一年後に復学の気持ちが出たら、そこで結論を下せばいいのです。日本では、中学校卒業だけでは、国家資格は中小企業診断士だけです。

学校が嫌になったら、その原因を知っておかなければなりません。そして、その解決策を両親または兄姉、先輩、友人に相談することです。

勉強がつまらない。対人関係がうまくいかない。体が弱い。先生が気にくわない。授業について行けない。これらのどれかか、または二つか三つぐらいあるかもしれません。

勉強がつまらないというケースは、私にもありました。解析（数Ⅰ？）という数学が最低でした。中学でやった方程式を高校で再びやったのです。古文の文法で活用の暗記をさせられた時もそうでした。大学でも経験しました。数年前に行った講義の古いノートを持ってきて、それを読んでいるだけの教授も一人だけいました。もちろん、そんなくだらない授業は出る必要がありません。外部から来られた講師にも、一人だけノートを読み上げるだけの授業がありました。もちろんボイコット（欠席）です。幸いにして二人だけで、他の先生方はレベルの高い講義をしてくれました。

我が国の学校の授業は、教育現場を知らない大学の教授が書いた教科書を使います。だから、つまらないのです。私なら、若い人々に最も興味のある「携帯電話機」大学をつくります。これはコンピューターに次いで、物理の知識が必要です。皆さんの七割くらいの人が持っている「携帯電話機」の話をすればよいと思います。日本人の知能は、世界的なレベルで一流です。携帯電話機のことをよく理解しているのが、その証拠です。シンガポール等に負けないくらいの導入率はすぐに実現します。パソコンでやっていたインターネットが、携帯電話機でやれるので、日本はナンバー1かナンバー2になれると思います。

こんな授業をやればいいのにと思います。

次に対人関係がうまくいかないという人は、その原因を調べることが必要です。これは友人や兄姉弟妹に聞くのが最良です。私の知っている例では、他人の言うことを聞かないで、自分だけがしゃべるのです。これを反対にするのです。相手にしゃべらせて、自分は聞き役になるのです。これで対人関係は良くなります。そして相手をほめてあげることです。背の低い人に、背が高いというようなウソはダメです。英語の発音がいいというような他愛のないのがいいと思います。

体の弱いのは、きたえて強くする必要があります。程度によっては、休学してでも実行すべきであります。私も虚弱体質でしたので、川に行き、水泳や釣りや野球などをやり、かなり成果がありました。人生八十年です。体が弱いと人生が暗くジメジメしたものとなります。それでは友人ができません。

先生が気にくわないのは、難しいですね。人間はどこへ行っても一人ではありませんから、免疫《めんえき》をつくり、感じなくするのです。そのために、その先生を追い越すくらいの気迫をもって頑張ることです。柔道か空手なら、先生を床にたたきつけてみなさい。胸がすーっとします。

授業についていけない場合は、もっとできの悪い仲間のいる高校に転校することです。

鶏口《けいこう》となるも牛後《ぎゅうご》となるなかれという諺がありますが、昨今は、都会の有名進学高校へ入学しても、都会にはヘンサチ秀才が多く集まってきますから、オール5がオール3になってしまう例が相当あるようです。逆をやればいいと思います。

不登校をやるとき、原因だけは知っていないと、一生後悔します。原因が分かれば、すぐに休学の手続きをとって下さい。あとは休学中に何をして時間を使うかを決めるべきです。もし決まらなかったら、友人に相談しましょう。もし結論を出せなかったら、何でもいいから、体を使う仕事をやってみるのです。私は製材の仕事場で床を掃除する仕事を見つけました。床一面に飛び散ったオガクズをほうきできれいにするのです。ほうきが床の上をなでると、面白いことにほうきの動いた方に向かって幾何学の軌跡《きせき》ができるのです。京都の古いお寺の庭をほうきできれいにして、ほうきの動いた跡が幾条《いくじょう》もの筋となったのを教科書の写真で見たのを思い出して、心が洗われる気がしました。すごく新鮮で、何かを発見したような気分になりました。それが終わると、柱や板をつくった時に出る切れ端の木を束ねるのです。その頃は、わらでつくった縄でやるのです。今では石油化学の産物であるビニールの紐を使いますが、当時は農家の人々の副業《ふくぎょう》でつくられた縄が安いので、重宝《ちょうほう》されていました。結ぶ時にかなりの力を入れて束ねないといけません。束ねる時にできる結び目の近くのところをナイフでバッサリと切るのです。わらは柔らかいので、切った面がきれいになります。肥後守という折りたたみ式のナイフです。現在ではカッターというちゃちな製品が安く買えますが、その頃は肥後守は少年たちの宝物でした。切断した縄はわらでできていますから、わらの穴がきれいに見えるのです。ちょうどストロー（ジュースを飲むための）を十本ぐらい束ねたのと同じです。ストローは、もちろん石油でつくられていますから、穴の大きさはほぼ同じですが、ワラの穴の大きさはいろいろです。

当時の家庭では、燃料はこの切れ端の木でした。これを買いにくる人（家庭の主婦）に売るのです。はかりの目盛りは貫《かん》と匁《もんめ》でした。一束が約二貫五百匁で、値段は三十円でした。私の体重は十三貫だったのを覚えています。今なら約五十キログラムです。身長は五尺三寸ぐらいでした。約百六十センチメートルです。

この仕事も慣れてくると、つまらなくなり次の仕事を探しました。下駄をつくる会社（町工場）です。下駄の裏のところをノコギリ（電動）で切ってあるのですが、少しだけが切れてないのです。これをたたいて取り除くのです。作業は簡単ですが、機械の上をベルト・コンベヤーにのってくる下駄の流れには困りました。ひと息つく暇もないのです。

この町工場で近代産業のはしりを学ぶことができたのですが、大学でアメリカの自動車の組み立てのときに用いられるテイラー主義という経営の新手法を教わった時に、日本の田舎の町工場にもテイラー主義があったことで意を強くしました。この下駄の仕事は二カ月でやめました。その後は三カ月ほどラジオを聞いたり、川へ遊びに行きました。もちろん一人です。その次は、木型を造る会社に正社員として採用されました。事務員でしたが、主な仕事は経理でした。全くの素人でしたが、新しい仕事なので一生懸命にやりました。これが大学で会計学を学ぶときに、役に立ちました。

木型というのは、金属で、ある商品を造るときに使用するものです。大きいものは約五メートルの長さがあり、重量も二百キログラムほどありました。納入先は大阪の久保田鉄工（現・クボタ）でした。私の給料は千七百円でした。当時の平均給料は三千円ぐらいでしたから、見習社員としては、まあまあでした。十六歳の紅顔の少年でした。初めて給料をもらった時は、何に使うか迷いました。初給料は一生の使用に耐えるものに使うことを決めて、印鑑をつくりました。今でも立派に役に立っています。

二年間の休学のあと、高校に復学しましたが、非常に貴重な体験でした。

小学生や中学生にも不登校があるようですが、いいことだと思います。人生に疑問を持ち、悩み、考えて人間は成長するのです。木にたとえると、不登校は将来のために根を伸ばす役割をしているといえます。順調に行っているようなのは茎や葉を伸ばしているのです。ひまわりは根より茎や葉をつくり、枯れてしまいます。楠は根を伸ばすことに専念し、幹や枝はほとんど伸びませんが、着実に大きく成長します。私の母校の小学校に楠の大木がありますが、樹齢は五百年近いと記憶しています。人生は八十年です。根を伸ばして将来に備えるか、葉や茎を伸ばして太陽の光を受けて花を咲かせ種子をつくるかは、神（大自然）が与えたものです。世間の人々は、目に見えるところしか気が付かないために、学校の成績が良いとか良くないとかで判断しますが、そんなものは気にしない方がよいと思います。

植物でも動物でも、大自然が与えた宿命をもつのです。ライオンやトラは肉食で、せいぜい三十年の命ですし、象やキリンは草食で前者の二倍以上の一生をもちます。植物は草花のような短命のものから、一千年の超長命の楠のようなものまで千差万別です。要は、与えられた天寿を全うすることです。

人間は自己の能力を伸ばして、大自然の法則にさからって生きています。全くばかげたことと思います。遺伝子の組み換えやクローンの手法は、キバが伸びすぎて地球から消えてしまった動物を思い出させて、ゾーッとします。くどくなりましたが、人生は長いので、他人に迷惑をかけないで好きにやりましょう。

第十一章　メールについて

皆さんが友達（メル友）とやりとりしている、携帯電話によるメールはEメールといって、インターネットの一部です。その他は名前だけ挙げますと、ネットニュース、インターネット電話、ソフトウエアの入手、ネットワークゲーム、WWWです。高校生のメールは、ほとんどが携帯電話で行われています。約七〇%の人が、メールや電話での会話をしています。メールの特長は料金が比較的安価で、絵文字によるコミュニケーションズがあるということです。好き好きは、好き②で表しています。♡は好き、好意をもっているという意味のようです。死ぬほど好きなら好き∞がよいと思いますが、いかがですか？

友人が少なかったり、いない人は、メル友（トモ）をつくればいいのです。特定の相手ではなくて、多くの人に呼びかける方法もあります。父親が単身赴任で遠くにいる場合は、子供からのメールは嬉しいものです。先日NHKで、東京の高校でメールをやりとりしている女子高生の意見を聞きましたが、納得のいく内容でした。口では言いにくいことが、簡単にメールでできると言っていました。もし、携帯電話を持っていない理由が、健康のため（ペース・メーカーを心臓にはめているような場合）ということ以外なら、安いPHSをお薦めします。ほとんど携帯電話と同じで、料金が安くなっています。一カ月分の料金が三千円以内ですみます。

民法に決められているように、二十歳にならないと申し込みと契約ができません。両親や兄姉がいない人は、社会人となった十八歳で東京などに職を得た場合は、後見人があればいいのですが、どうしてもいないときは、バーチャル結婚をして下さい。結婚すれば、十八歳でも成人として扱ってもらえます。欧米では十八歳で成人とするところが多いですが、我が国でも十八歳で成人とするように民法を改正すべきだと思います。刑法では、十四歳で大人扱いをしようとしているのですから。法律は、社会の事情によって改定すべきです。

第十二章　シングル・マザーについて

ＮＨＫの朝のドラマにありましたが、シングル・マザーは成人してからにして下さい。女性は、もし赤ちゃんを産むことになったら、多くの時間と手間が必要です。高校生の場合は、自分を伸ばす必要がありますから、特別な事情があれば仕方がありませんが、極力妊娠防止のための方法を考えて下さい。エイズ等の病気予防のためにも、スキンの使用をお薦めします。

第十三章　食生活と健康について

大学に入ってから、私の食生活は大きく変わりました。一カ月に二千円という安い寮の食事はコッペパン一個と紅茶（おかわりはできた）だけの朝食と夕食（はっきり覚えていませんが、ヤキソバ等）でした。食欲が旺盛でしたから、夜になると空腹でたまりませんでした。夜七時頃に街に出て、夜食を食べに市内を散策しました。このような食事のせいだと思うのですが、十月のある日、咳が出て息が苦しくなりました。病院で喘息《ぜんそく》だと言われ、目の前が暗くなりました。飲み薬やら注射やら、いろいろの治療法を試みました。それ以来、約三十年間苦しみました。断食もやりました。漢方薬も試みましたが、完治しませんでした。私の喘息は秋（十月と十一月）にひどく、寒い一月には発作が起こらないという特徴がありました。

田舎に住んでいた頃の生活で、新鮮な野菜を沢山食べていたことを思い出しました。野菜と肉や魚の比は八対二ぐらいでした。それに気付いたのは、平成九年のことです。一缶百二十円の野菜ジュースを一日に四缶飲みました。朝起きると飲み、昼食と夕食の後と、床に着く夜の十一時に飲みました。それから二週間くらいでほぼ咳は止まり、タンが少し出ただけです。夜もほとんど発作はなくなり、楽になったのは、それから三カ月後のことです。その後、現在に至って健康です。

私の長女はアレルギー性の結膜炎で、眼科で目薬をもらい、いつもかゆいと言って、いらいらしていました。長男はアトピー性皮膚炎で、ステロイド（副腎皮質ホルモン）の入った軟こうを腕に塗っていましたが、塗った時は赤い湿疹が消えるのですが、半日くらいで、また赤いアセモに似た湿疹ができて、いつも血がにじんでいたのを覚えています。

私の食生活のせいで、アレルギー性の病気を子供に遺伝したのが、ひどく辛かった。「ぼくだけ、なぜ、こんなのが出るの」と長男に言われた時は本当に辛かった。

皆さんも社会人になるか大学生になったら親から離れることになり、私の体験が参考になると思います。象は約七十年生きるのに対して、ライオンは、せいぜい三十年です。この事実で、植物性の食事が肉食に比べて、優れていることがお分かりと思います。

人間は雑食性の生物ですから、肉食もしなければなりません。私は完全菜食をやったことがありますが、体重が五十キログラムを割ってしまったので、タマゴと牛乳は食べるようにしました。

植物性の食物は、良質のたんぱく質に欠けるのです。私のように、タマゴと牛乳は必要ですから、食事に気をつけて下さい。

青春のシンボルであるニキビや吹き出物も、きれいになることは間違いありません。

第十四章　タイム・イズ・ライフ

時は命です。これは私の考えついた言葉です。タイム・イズ・マネー（時は金なり）という言葉がありますが、人間の一生は平均で約八十年です。きんさん、ぎんさんのような長寿は、めったにありません。いくらお金をためても、死んでしまえばおしまいです。

お金は有意義に使うためにあるのです。アメリカの大金持ちのビル・ゲイツという人は、財産の約七割を寄付したそうです。日本では、このような話は聞いたことがありません。死ねば国に税金で取られ、残りを子供たちで分けるのです。

西郷隆盛は「子孫に美田を残さず」と言いましたが、そのとおりです。

アメリカではキリスト教関係の団体が多く、多くの事業をしています。これらの団体は寄付によってまかなわれていると言っても過言ではありません。

第十五章　アルバイトについて

株式会社学生援護会が平成十三年度に首都圏で行った調査によると、大学生のほとんどが何らかのアルバイトをしています。その内容は、東大生に多い家庭教師から、私立大の学生に多いコンビニエンス・ストアの店員まで千差万別です。家庭教師は短時間で、かなりの収入を得られる業務ですが、東京では一流大学と言われるところの学生に依頼が集中します。京阪神でも同じ傾向です。

私がコンピューターの会社のＳＥ（システム・エンジニア）をしていた時は、オペレーションを学生に依頼する会社が多かった。社員の場合は労働基準法によって、深夜（夜十時から翌朝の五時まで）の残業では、五〇％の割増賃金を払わなければならなかったからです。当時は、女子はオフリミット（除外）であり、オペレーションは男子学生だけでした。今では、法律が男女の労働条件を同じようにしていますが、当時は、看護婦のような特別の業務をする職業に限られていました。アルバイトの学生は経費が少なくて済むからです。

最近は不況のせいで、このような単純な仕事は、外部の会社に依頼するケースが非常に多くなっています。ファシリティ・マネジメント（FM）をすることを業務とする会社が非常に多い。開発から引き受けるNTTデータのような会社も相当多くなりましたが、この仕事は高度の専門知識を必要とするため、大規模な会社だけです。コンピューターのメーカーも行っています。

学生がFMを業としている会社と契約して、コンピューターを利用している会社（大会社がほとんど）に深夜のオペレーターとして派遣されている例は多い。その他ではローソンやセブン－イレブン等の店員で、時間給は約七百円で、深夜だと八百五十円ぐらいになります。コンピューターのオペレーターは業務のフロー・チャート（流れ図）を見て仕事をするのですが、万一ミスをしたら大変です。店員なら端末機を再操作するのと、客に「すみません」と言えば済むので気楽です。夜間の大学に行っている場合は、昼間にアルバイト店員になれるから、学費だけではなく生活費の半分ぐらいを稼ぐ学生もいます。

東京では、マンションの一DKか一Kで五万円以上ですから大変です。都心だと十万円近くになります。私の住んでいる大阪では、同じような部屋だと郊外で四万円くらいです。風呂なしだと三万円くらいです。大阪では都心に大学はほとんどありません。京都では、京田辺市のような郊外にも多いと思われるので、そこに通学するのには、さらに田舎に住めば家賃が安くなります。京阪神では、約三十分間の電車通学をすればよいので、時間の浪費は避けられます。東京だけです、片道で一時間半ぐらいの通勤を普通としているのは。私の場合は、西武池袋線の練馬から東急の旧目蒲線武蔵新田まで、満員の電車で約一時間四十分かかりました。新入社員の時ですから、安い家賃の部屋を借りたのです。

大学を卒業してから、コンピューター関係（特にソフトの開発をする会社）に就職しようと思われる人は、オペレーターの経験が役に立つと思います。ソフト産業の前途は洋々です。すべての電子機器がコンピューター（マイコンを含む）で動くのですから。

女子の場合は、ブティックでアルバイトしておくと、商品（ブランド物）知識が増えるし、フランスやイタリアのブランド商品の良さが分かり、将来、自分が購入するときの役に立ちます。卒業してからデパート等で働く場合に有用です。ファッション・コーディネーター等の花形社員になれる可能性が大きくなります。そのためには、英会話をマスターしておく必要があります。ブティックのオーナーとして自分で仕入れに行く時には、英語は絶対必要ですから頑張って下さい。

携帯用の機器（例えばテレビ電話）がますます増えますから、インターネットの勉強もしておけば卒業後の道は洋々と開けます。

第十六章　クラブ活動について

高校には多くの部がありますが、大きく分けて、運動部、芸術部、その他の部に分けられます。

私は運動でバレーボール部と、その他で文芸部に入っていましたが、前者は一年生の時だけやっていました。文芸部は卒業までいました。目的は友をつくることでした。バレーボール部は疲れるため、二年生になった時に退部しました。受験勉強をやる必要があったからです。

たいていの人は二年生まで部活をやって、三年生になったら退部します。部活は友人との交際を通じて、団体行動における問題に出合います。努力しても、あまりうまくならないで、練習の厳しさが体にこたえます。でも一生の思い出になります。都会の受験向の高校では、あまり部活が盛んでないようです。志望する大学の受験科目だけの勉強で、三年間が経過してしまいます。

このような高校生活を送った人は、社会に出てから伸びません。ちょうど、発達が十分でない根を持った木です。高校時代は、いろいろなことをやって、この根をできるだけ伸ばしておくべきです。根が伸びた木は、後に大きくなります。ちょうど、ひまわりと楠を見れば分かります。一見したら、ひまわりは、すくすくとその背を伸ばしますが、根はそれほど伸びていません。一方楠は、背の伸びるのが遅いですが、根は土の中に深いところまで伸ばします。高校時代の秀才は東大や京大にストレートで合格しますが、大学入学後はあまり伸びません。ひまわりは、せいぜい三メートルくらいです。楠は、ひまわりよりも伸びが遅いですが、確実に伸び続けて、何十メートルもの巨木になります。

二十世紀の天才の中でも、アインシュタインは、この楠に最も似ているのではないかと思います。建築物でも、そうです。土台が大きくないと倒れてしまいます。高校生の時は、いろいろの人と交際し、その人から何かを吸収すればよいのです。部活は栄養を吸い上げる根のようなものです。人はすべて個性があり、長所、欠点があります。いろいろな人と交わり、その人の長所を取り入れ、短所は反面教師として吸収すればいいのです。部活は、いろいろな人と交わるための最も容易で簡単な方法です。文芸部では男子も女子もいますから、異性を知るための自然な方法といえます。成人したら、ほとんどの人は結婚すると思いますので、異性で失敗しないための勉強ができるのです。

第16章　クラブ活動について

私は友人が少なかったのですが、部活を通じて多くの友人ができました。そのうちの一人とは、今でも交際しています。

社会に出ると、人間関係は複雑になります。会社では、上司、同僚、部下、お客様と人間関係が複雑になります。高校での運動部はこれらの予備的な練習場みたいなものです。学問の神様といわれる菅原道真は九州に左遷されましたが、宮仕えでは日常茶飯事です。

第十七章　友人について

友人といってもいろいろな友人があります。遊び友達から、何でも話せる心友まで、レベルというか分類というか、定義は難しいようです。私には高校時代からの友人が一人と、大学で同じゼミにいた友人の二人しかいません。ゴルフ仲間、マージャン仲間等の遊び友達はたくさんいましたが、一時的な存在でした。

皆さんは何人の友人をお持ちですか？　と聞かれたら、きっと答えに窮すると思います。前述のように、いろいろなレベルの友人があるからです。何かがきっかけとなって、レベルがはっきりすればいいのですが、はっきりさせておく必要があります。その方法は、悪い情報を持っていくのです。例えば、病気の話をして、交際を止めませんかと言ってみなさい。親友または心友だったら、怒ります。遊び友達だったら、じゃあ交際を止めようと言うと思います。友人には大変申し訳ないと思いますが、試して確認するのも方便です。

高校を卒業して大学生や社会人になると、よく頼まれるのが、保証人になってほしいというものです。これに応じるか断るかは、友人のレベルで決めなければなりません。心友のレベルでは、連帯保証人にもなってあげなければなりません。連帯というのは債権者（貸し主など）が、当事者（友人）と同じように、債務（借金など）の弁済（支払いなど）を連帯保証人に要求できるのです。単なる保証人と違います。多いのがノンバンク（消費者金融）からの借り入れや、商品をローンで買う場合です。金額にもよりますが、友人のレベルをしっかり確認しておかなければなりません。

東京や大阪では、ノンバンクからの借り入れに関して、返済できない連帯保証人が、かなりいると聞いています。

第十八章　女子大か男女共学の大学か（女子）

女子の場合は、女子大へ進学するか、普通の男女共学の大学に進学するかという問題があります。一般的に女子大というと、二、三の例外はありますが、花嫁修業のために家政科を勉強する学生が多い。女子だけの環境では、視野が狭く、男性を見る眼が育たないように言われています。社会で活躍している女性は、ほとんど男女共学の大学出身者です。大阪府の女性知事として大活躍中の太田房江さんは東大出身です。

私は近くの書店に行って、書物を出版されている女性の出身大学について調べてみました。ほとんどは男女共学の大学です。早稲田大学と上智大学が多いことが分かりました。マスコミ関係では、早大出身者が多いようです。ＮＨＫでは男を含めて、三割弱になるほどです。タレントの広末涼子さんは早大です。私が調べた約千冊の本で、女子大の出身者は、作家と演出家であった有吉佐和子さん（故人）と、「捨てる！」技術を出版して有名になった辰巳渚さんだけでした。前者は東京女子大の出身で、辰巳さんはお茶の水女子大学の出身です。世界に目をやると、ノーベル賞をもらったキュリー夫人も共学の大学出身者です。西田ひかるさんは上智大学の卒業生ですし、ＮＨＫのニュースの顔であった森田さんは、北海道大学の出身です。歌人の俵万智さん、弁護士で国会議員の福島さん（社民党）も共学の大学出身です。

日本だけでなく、広く世界的な規模で見ると、企業や官公庁等のトップクラスはすべて男性です。芸術でもスポーツでもファッションでも男性が指導的な存在です。このように神様は男性に、その使命としての仕事の分担を決められたのではないでしょうか。

皆さんが社会人となった時に、身につける衣服のデザインはフランスやイタリアの男性によって作られたものでしょうし、化粧品も男性が作ったものです。神は女性に、種の保全（出産、育児）をその重要な仕事として与えられたのです。ライオンのような動物でも、雌は出産と育児にその使命を与えられているのです。育児は子供を育てるのですが、教育という非常に大切な仕事を含んでいます。皆さんが日本語を上手に話せるのは、お母さんが昼夜を問わず、赤ん坊であった皆さんに話しかけたからです。

皆さんは二十一世紀の前半を担うという使命があり、後半は皆さんの子供さんがその任に当たることになります。それだけに母としての皆さんの任務は非常に重大です。特に二十世紀は、自然科学が非常に発達した世紀ですが、その一面に、いろいろな副産物を生じています。オゾン層の破壊、地球の温暖化による海水面の上昇、公害、自然の破壊等の問題が山積みとなっています。これらについて子孫にその意味を伝え、人類が破局を迎えることのないようにしなければなりません。

二十一世紀は、資本主義の反省の時としなければなりません。第二次大戦後は、前進のみの半世紀でした。皆さんに申し上げるのは、このような思想を打破して、ルソーの言う「自然に帰れ」を実践してほしいからです。

遺伝子の組み換えられた大豆は、生命力が強く、収穫を増やすという目的では申し分がないのですが、人体や家畜の飼料となった場合に、どのような悪い結果を生じるかは不明です。皆さんが、このような大豆をボイコットすれば、このような大豆は姿を消します。

くどくどと述べてきましたが、皆さんは人類の将来のキャスティング・ボート（投票権）を持っておられるのです。男性はこのような点で、女性ほどの影響力を持っていません。大豆を買うのは女性ですから。

進学について、女子大学よりも共学の大学をお薦めしたいのは、以上のような理由からです。男性は、同性の意見には耳を貸さない傾向がありますが、女性の意見には素直に耳を貸します。共学の大学で男性と交わり、資本主義のもつ営利の追求から生じるマイナスを最小にするためには、女性の力が不可欠です。

第十九章　私の発想について

学生時代に、東京大学の教授だった糸川英夫先生の『逆転の発想』という本が、よく売れましたが、私のは三百六十度転換発想です。アメリカの経営学に「トライ・アンド・エラー」という考え方があって、何でもやってみて失敗したら、その原因と反対の方法で何度でもやってみるというものです。コンピューターのプログラムを書くのには、非常に細かい点にまで神経を届かさなければなりません。初心者のときは、かなりのミスをします。たとえば、二十カ所ぐらいのミスをします。これをバグ（虫）といいます。それを見つけて正しくしなければなりません。これをデバグと言います。どんな秀才でも最初は初心者です。経験が増えればこのミスはゼロかそれに近い数字になります。糸川先生は、百八十度の転換（正反対のケース）でトライするというのですが、多分、プログラミングはやったことがないと思います。

私の場合、決められていることのほかに、その用途を見つける努力をします。簡単な例ですと、お風呂を洗う金属製の大きなタワシがあれば、台所の大きな鍋に使えるのではないかと思います。実際に使ってみると、すごく重宝です。私の台所にはこのようなタワシ状のものが五個あります。容量の小さいコップやビン等と、鍋を洗うのとでは別のものです。テレビを置く鉄製の台は、上にマットを敷いて、その上に沢山の鉢植えの植物を置いています。コーヒー・メーカーは、最大のものを使っています。保温にしておけば、マホウビンより有用です。一石二鳥です。古い冷蔵庫が故障したので、新しいのを買いました。古いものは捨てません。小さな倉庫として使っています。六法全書はあまり使いませんが、厚さが十五センチメートルくらいありますので、足をのせる台として使います。カーテンの動きが悪くなった時など便利です。

洗濯機は持っていません。コイン・ランドリーで、二百円か三百円で洗濯できます。すべての商品にその本来の用途がありますが、それ以外の用途を考えるのです。日本茶は健康に大変いいのですが、コーヒーのように何杯も飲む気がしません。そんな時に食塩を少し入れると、うまくなり、何杯も飲めます。時には砂糖を入れます。紅茶に入れるのと同じだというのが理由です。砂糖は白ではなく、ミネラルの入っている薄茶色のものを使います。時計は全部で七個あります。電波で時間を合わせてくれるものもあるので、一秒以内の狂いしかありません。腕時計は三個持っています。

ＡＶの電気製品は、ほとんどがビクター製です。お金が少なくなった時に、ＣＤは中古を買います。ＬＰは針がプラスティックをこすって、何百回も聞くとノイズが生じるようになりますが、ＣＤは光のデジタル信号によって音を録音しているので、何百回聴いても音に変化はなく、ノイズはありません。新しい商品価格の一割くらいで買えます。欠点はケースが汚れていることだけです。私の部屋は１ＬＤＫで殺風景ですので、沢山の花の鉢と竹製の一輪差しが三つあります。白い壁だけだと神経がいらいらすることがあるので、ガーデニングもやるのです。外で買ってきた花や観葉植物（ポトスやシンビジューム）の鉢には、土が多く入っていません。公園に行って、広い葉の木の下の黒い土をビニール袋に入れて、帰宅してから鉢の下の部分に入れてやります。根を傷めないように気をつけています。二週間くらいで根が伸びて、そのところに達すると、すごく元気になります。

お茶（日本茶）を買う時は、粉茶を買って下さい。安くて栄養満点で、ガンの予防をしてくれる働きがあります。ベッドはありません。柔らかすぎて体によくないのです。どうしてもベッドが必要ならば、できるだけ硬いものを買って下さい。

第二十章　教育制度について

私が我が国の教育制度について関心を持つことになった動機について説明します。それは平成十年、ＮＨＫの朝の連続ドラマ「天うらら」を見た時です。女主人公《ヒロイン》のうららは建築家を目指す女大工の見習いです。弟子（男）を五人くらい抱える大工の棟梁《とうりょう》のところに入門し、大工の修業をしながら一級建築士を目指すのです。一級建築士になるためには、大学の建築学科を卒業して、国家試験にパスすることが必要です。二級建築士は、高校を卒業して五、六年間の見習いを経て、その試験に合格した人に与えられます。木造の家しか建てられません。皆さんの高校の校舎は一級建築士が設計し、それを建設会社が工事をしたのです。

うららは夜間の建築専門学校に通いながら、大工の見習いをしているという筋です。原作者は、このドラマを通じて、我が国が抱えているいろいろな問題を提起して、その解決策を示しているのですが、その炯眼《けいがん》には頭が下がりました。うららの祖母を通じて老人問題を、母を通じて女性の再婚問題を、うららを通じて教育問題と徒弟《とていせいど》制度にメスを入れ、具体的な解決方法を示していたのです。このドラマを見た人は皆さんの中にもいると思いますが、視聴率は三八パーセントの大ホームランでした。この原作者が文部科学大臣になれば、日本の教育制度は相当良くなると思いました。ＮＨＫに、このドラマを再び放送してくれるように皆さんから要望して下さい。

昭和二十二年三月三十一日に施行された教育基本法について簡単に説明しますと、第一条で教育の目的は、「教育は、人格の完成をめざし、平和的な国家及び社会の形成者として、真理と正義を愛し、個人の価値をたっとび、勤労と責任を重んじ、自主的精神に充ちた心身ともに健康な国民の育成を期して行わなければならない」としています。

第二条で教育方針について定めています。人格の完成というのは、知識を増やすことによってできるものではありません。資本主義はその宿命《しゅくめい》として資本を増やすことを義務づけられています。古代では自給自足の生活をしていましたから、こんなことはありませんでした。資本主義のもとでは、資本は利益を求めて移動します。最初は地域社会(町や村)の範囲だったのが、利益を追求するための集団として会社ができて、現在では国の範囲を超えて、世界に範囲を広げました。これが、グローバリゼーションの本質です。利益を生むためにいろいろな商品ができて、それを売るために植民地をつくったりしたのです。

日本も同じです。富国強兵ということを学びましたね。日本は資源に恵まれていませんから、原料（例えば綿）を輸入して、加工して、他国に売らなければならないのです。原料を輸入するのには、綿ならインドに行かなければなりません。少なくとも英語ができなければなりません。輸入した綿を工場で加工するのには機械が必要です。それを動かすのには電力が必要です。それと工員が欠かせません。加工が終ったら、多くの国に買ってもらわなければなりません。布のレベルから、さらに加工してシャツや服をつくるには、デザイナーや絵を描く人が必要です。

このように資本主義は利益を求め新しい商品を開発して、それに関係する仕事に従事する人を求めてきました。ふつうの人は、少しでも条件（給料）のいい仕事に就くために、大学や専門学校（旧制）で勉強したのです。資本主義について、分かりましたでしょう。

専門学校や大学では人格の向上に特に力を入れることはありません。ここに現代社会の持つ知識偏重の欠点があるのです。高等教育を受けた人ほど、高額のお金にもろいのです。戦後に犯罪（大きいものを疑獄という）を犯した者は、ほとんど一流大学の出身者です。つまり、知識は人格とは無関係です。

戦後の教育制度を動かしてきたのが、文部省（現・文部科学省）です。皆さんが、約十年間お世話になっている教科書は文部科学省の検定が行われています。そこで検定をするのは、公務員試験のうちでも難しい上級職の試験をパスしたエリートです。東大や京大の卒業生が多いと思います。五十歳を過ぎると教科書をつくっている会社の役員になるようです。彼等は知識を授けられ（授業といいますから）、理解し、記憶するのですが、人格とは無関係です。

教育基本法の目的とは全く関係のないところで知識を詰めこんだのです。こんな大学へ行くために、人生の貴重な時期を「理解し、記憶すること」に費やしているのなら、ばかげたことです。それよりも、スポーツをしたり読書（高校で勉強しない分野）に時間を費やすべきです。記憶ならテープ・レコーダーという道具を使えばいいのです。記憶が全く不要だというのではありません。本のどこのページに記されているかだけでいいのです。法律の条文を暗記している人がいますが、全くのナンセンスです。

戦後の教育に大きな影響を与えたのは大学教授です。教科書はほとんど彼等の執筆ですから。もっとひどいのは入学試験の問題です。大学だけでなく、高校や中学校の入試問題も同じです。テープ・レコーダーの機能をテストするような問題が多いと思います。もし、私が大学の問題をつくるとすれば、「高校生のときに学んだ知識を、本大学でどのように発展させるかについて、具体的に述べなさい」だけです。高校なら「中学生のときに学んだ知識を、本高校でどのように発展させるかについて、具体的に述べなさい」中学校なら「小学生のときに学んだ知識を、本中学でどのように発展させるかについて、具体的に述べなさい」です。

この問題で受験者の判断ができます。記憶しただけでは答えられないと思います。私立か国立の小学校なら、「幼稚園などで、お勉強したことで、好きなことについて、書いて下さい」です。これに解答が出ますから、合否の判断ができるはずです。我が国で超難関の司法試験（裁判官、弁護士、検事となる人を選ぶもの）についても同じことが言えます。私が試験委員なら、「我が国の司法制度について、具体的に論じなさい」と出します。これは相当のレベルの知識が必要です。法律の条文の暗記がナンセンス（無意味）ということが分かったでしょう。現在の司法試験委員の方々にテスト問題を出しましょう。「我が国の司法における問題を述べて、その解決策を論じなさい」。平成十五年二月末日までに、新聞紙上に発表することを要求しましょう。

お茶の水女子大学を志望する女子高校生が、トイレに歴史上の出来事を書いた紙を張りつけて、記憶していると本で読んだことがありますが、無駄な努力をさせている大学の入試制度を変えなければなりません。

アメリカのように、入学は容易で卒業は難しいという制度もありますが、教室の数の問題から、我が国では採用できません。

第二十一章　国語の乱れについて

第二次世界大戦は日本の敗戦によって幕を閉じましたが、国語の乱れは言語道断です。「明かるい」と「明るい」が二通りあるなんて、先進国では日本だけです。送りがなだけではなく、全くやらなくてもいいことまでやった漢字の変更。例えば私の名前の「眞」は「真」に変更されました。当時の国語の改革をやった人には、腹が立ちます。医師の医の字は元の画の多い字の一部を取ったもので、これはいいと思います。それから学校の「学」は、「學」という字でしたので、これもいいです。国語や法律は大多数の人が、変えなければ不当だとか不便だと考えるものだけに限定すべきです。

大多数の人はマスコミ（新聞が最重要）に関係しているのですから、これを日本国民の国語の教科書にしたいものです。もっともっと漢字を使うべきです。例えば、倒産した会社を「破たん」と全国紙はすべて「たん」としましたが、「破綻」とした方がいいと思いますが、皆さんはどちらに賛成ですか？

何でもそうですが、使わないと忘れてしまいます。私はコンピューターのＳＥを長くやっていましたので、フランス語を忘れてしまい、現在、勉強を始めました。画数の多い字はダメですが、そうでない場合は、破綻とすればいいと思います。漢字の右側に小さい字（ルビ）を印刷しているものもありますが、老人には読みづらいと思います。前の破綻のようにした方が読みやすいし、原稿を書く時も楽です。

私が中学で教えていただいた古文の文法は一回も使っていません。授業は退屈ですし、あまり意味がありません。社会に出て、いちばん困ったのは敬語とビジネス言葉の使い方です。私は、お客様の前でコンピューターの話をよくしましたが、日本では、センガクヒサイ（浅学菲才）の身ですが、という言葉を使う習慣みたいなのがありました。欧米では逆に出身大学や仕事の経験を述べて、自分自身を売るのです。そうでないと信用されません。日本では権威に弱くて、ドクター（博士）や大臣にはペコペコします。例をあげると、三十五歳ぐらいの野田聖子さんが郵政大臣（当時）に就任すると、天下のＮＨＫの会長が、娘みたいな野田大臣にペコペコです。ここで使う言葉は、実際に聞いたことはありませんが、恐らく苦労すると思います。

私のいた会社では「提案書」というお客様の業務のコンピューター化について、システムをどのようにすればよいかについて調査し、費用等すべてについて述べたものをつくりました。営業の担当者により、大は電話帳より厚いものから十枚ぐらいのものまで、さまざまでした。ここでは、浅学菲才は使いませんでした。

いろいろの会議で、挨拶をする時に、ご挨拶を申し上げますと言われますが、この「ご」が必要かは疑問です。名詞に「お」をつけたり、つけなかったり、本当に日本語は、ややこしい。「お」をつけた方が、何となく響きがいい場合があります。この本の初めのページに、お医者さんと書きましたが、「お」がないと、医者さんでは変ですね。

東京や阪神の山の手では、名詞に「お」をつける場合が多いようです。風呂は「お風呂」ですし、休みは「お休み」です。これらは自然ですが、タマゴを「おタマゴ」と言う人もいますが、変な感じがします。酒を「お酒」と言うのは自然ですが、魚を「お魚」と言うのは変な気がします。

日本には、日常生活で使う「お」が、ビジネス言葉では使いません。

敬語の特殊なものとして、謙譲語があります。例えば、息子を「愚息」、自分の家を「拙宅」、大切な奥さんを「愚妻」と言います。「小生」もこの仲間ですが、これは自然ですから気になりません。これらは行き過ぎだと思いますが、皆さんは、どう思われますか。

銀行や証券会社のアンケートのハガキに印刷されている「……行」という語にお目にかかることが多いと思いますが、これは行き過ぎた謙譲語ではないでしょうか。私はこの「行」

を消して、御中と書いているのですが、皆さんはどうやっていますか。

面白くない古文の文法などはやめて、実生活で必要な授業をしたらよいと思います。

日本のビジネスでよく使われるのは「まあまあ」という言葉です。あいまいでいて、便利な言葉です。遊びでも使います。ゴルフのスコアを聞かれて、「まあまあ」と答える人がかなりいます。

全然という言葉は、本来は否定の意味で使われていたのです。若い人の中には、「全然元気」という使い方をする人がいますが、私からみると、おかしい使い方です。

カタカナ語のハンラン（氾濫）は無茶苦茶です。老人の介護関係に多いです。

ケアマネジャー、キューアンドエー（Q＆A）等です。日本語にすれば老人に分かりやすいと思います。車やコンピューターのカタカナは仕方がありませんが、できるだけ、本来の意味で使ってほしいと思います。ハンドルは、ドアの把子《とって》（または取っ手）ですが、車の場合は別の意味で使われています。

多いのが、ナイター（野球の夜の試合）等の和製言葉（和製英語というのはスシ、ショウユ等）と言われているものです。ゴールデンアワーもそうです。車のハンドルも同じです。

誰が、いつ、どこで、どういう動機でつくったのか分かりませんが、もっと考えてからにしてほしいと思います。コンビニエンス・ストアのように英語（米語）をそのままもってきた言葉は分かりやすく、いいと思います。コンビニエンスとストアは二つの単語です。だから私は「・」を書いたのです。アメリカでは二つの単語を一つにする時は、ハイフン（—）で結合していました。何年か経過した時に、ハイフンを取り除き、一つの単語とするのです。

我が国の新聞等では、この「・」を入れていないために、すごく読みにくいと思います。十年くらい経過してみんなが覚えた時に「・」を取って一つの言葉とすればよいのです。

第二十二章　少年法の改正について

改正される以前の少年法では、大人と同じ刑事上の罰を受けるのは満十六歳から十九歳までの少年少女であった。増加する少年犯罪を食い止めるため、自民党等は、その法律を改正して満十四歳からとしました。十四歳は中学二年生か三年生です。中二といえば、私が初恋をした年です。人生経験も少なくて、判断力も十分でない少年少女の犯した罪に対して、成人と同じような罰を加えるのは、問題があると思われます。

少年法の理念（考え方）は、罪を犯した少年少女の立ち直りを目的としたもので、被害者の側からは、事件について全然知らされないという欠点をもっていました。平成十二年、大阪市此花区で少年が殺されて、その両親が加害者の少年について何も知ることができないことを新聞で読んだ私は、刑事上の手続きではなく民事上の手続きで、損害賠償によって慰謝料の請求をすれば事件の全体が分かると、電話でその新聞社に、両親に教えてやって下さいと頼みました。

民事と刑事について簡単に説明しますと、物を盗んだり人を殺したりした場合に、国家は刑法という法律によって罰を決めて、こらしめるのです。民事は人間が生まれた時から死ぬ時までの一生の間、お世話になる民法という法律に定める約束事みたいな取り決めによって、争い等から国民を守ってくれるのです。このように非常に身近な法律ですから、要点を述べておきます。

明治二十九年四月二十七日に最初のものができて、改正は時代とともに行われました。第一条は、私権の基本原則について規定しています。「私権ハ公共ノ福祉ニ遵フ」つまり、所有権についても、何か公の事情が発生したら、その所有権の内容が変わり得るということを定めているのです。よくあるのは、交通渋滞を解決するために、道路の幅を大きくする必要が生じた場合に、すでに住居を構えている人に別の土地へ移ることを依頼するのです。公共というのは、大多数の人のためということです。

第三条で、成年のための条件としては、満二十歳になっていることを決めています。法律上の行為（例えば、携帯電話の使用契約をする場合）は、成人でなければできません。これは現代の社会的な情勢から判断すると、満十八歳と改定すべきです。高校を卒業して親から離れた時に、法律行為のできることが必要だと思います。この法律の例外が、結婚した場合（男性は十八歳、女性は十六歳）成人とみなされることです。これに対して、会社や高校などは「法人」と言われます。

民法上の言葉で「占有」というのがありますが、所有と違うのは、それを他人に売ることはできないのです。レンタル・ショップで借りたCDは使用については権利がありますが、他に売ることはできないのを知っていることと思います。

話が本論からそれましたが、私は少年法で刑法の対象となる年齢を満十五歳以上で、中学校を卒業している者としたいと思います。満十四歳では、ちょっと無理があるように思われます。発育中の体を育てるには、刑務所の食事では不足だと思われるからです。

第二十三章　情けは人のためならず

皆さんはこの諺《ことわざ》の意味が分かりますか。人（他人）に親切にすることは、人のためではなく、自分のためです。人間はオギャーという誕生の時に発する最初の泣き声とともに、人間として初めて肺呼吸をします。この時から人類の一員として生活が始まります。母の体を離れて別の存在となるわけです。老いて死ぬまでの約八十年間いつも他人（自分以外の人の意）の世話になります。どのような場所で生まれるかは分かりませんが、どこかの病院か両親の家だと思います。産婦人科の先生か助産婦さんにお世話になります。生まれて初めての入浴は小さなたらいでなされ、きれいなバスタオルで水分を取り除いてもらいます。

タオルは、多分インド産の綿でできたものと思われます。この綿はインドの人々が炎熱のもとで汗にまみれて栽培したものです。その木の棉《わた》を摘みとるのはインドの娘さんです。それを日本の商社の人が買い入れて、日本に船で運びます。日本の紡績会社で綿糸がつくられ、それがタオルに加工されるのです。これらの経済的な行為に、すべて人が介入しているのです。つまり、そのおかげで、体をきれいにしてもらえるのです。赤ちゃんの時は、お母さんがお世話をします。いつでも誰かのお世話になるのです。

私は神戸へ遊びに行きます。東の玄関である三宮駅で降りて、三宮センター街を通り、元町六丁目までウインドー・ショッピングと散歩で三十分ぐらい歩きます。歩きながら常に人々の観察をします。外国人（アメリカ人と思われる人）には必ず声をかけます。エクスキューズ・ミー（すみません）、ウェア・フロム・ユー（どこから来られたか？　どこの国の方ですか？）、ウォット・イズ・ファースト・イムプレッション・アバウト・コーベ？とたずねます。意外に多いのはオーストラリアとカナダの方です。赤ちゃんを連れていたらハウ・ロング・ハブ・ユ・ビーン・イン・ジャパン？　とたずねます。日本にどのくらいの期間いらっしゃっているのですか？　という意味です。意外と多いのが数カ月という答えです。

神戸市の街角で目立つのは、災害の援助の募金活動をしている学生の姿です。最近では、トルコや台湾の地震による被害のために困っている人のための募金活動が多かったように思われます。それと、犬のための募金活動です。救助犬の養成のためです。たいていの場合、五人ぐらいで立って声を出しています。小銭入れを取り出して十円、五円、一円は必ず箱に入れます。この時、私は五人の箱に入れます。金額の多少はあっても、必ずみんなの箱に入れます。一円でもいいのです。その時、どこの高校ですか？　とたずねます。神戸市と西宮市の高校生が多いようです。阪神電鉄の三宮駅のキップの券売機の前で、お金を紛失した芦屋市の中学生二人に二百円差し上げたこともあります。これが私の小さな善意です。

　大学三年生の時に、神戸市の三洋貿易という会社から育英資金を月に三千円いただいたのです。卒業までいただきました。今の貨幣価値だと三万円ぐらいと思います。日本育英会から三千円借りていましたので、家庭教師のアルバイト収入が四千円ありましたので、親からの仕送りをこの時から断りました。三洋貿易という会社が今でもあるかは分かりませんが、本当にありがたかったです。これに対するささやかなお礼のしるしです。人には親切にすると、必ずいつかは自分に何か返ってくるのです。

　大昔のヤクザは「強きをくじき、弱きを助く」といわれるように、社会の弱者である老人や身体障害者に親切にしていたものです。山本長五郎（清水次郎長）は好きなタイプです。旗本に対抗して、風呂場で殺された幡随院《ばんずいいん》長兵衛《ちょうべえ》も好きでした。彼等は弱い者を助け、権力や腕力で威張っていた強者に対抗する勇気があったのです。人には親切に、公平に！これが私の生活信条です。

第二十四章　帰納《きのう》と演繹《えんえき》について

ちょっと難しくなりますが、考え方の方法について話を進めます。

三段論法というのを聞いたことがあると思います。演繹という方法の一つです。

例えば、一郎は二郎より背が高い。二郎は三郎より背が高い。だから、一郎は三郎より背が高い。こういうのを論理学で三段論法というのです。

帰納については、数学で勉強したことがあると思いますが、分かりやすい例を取り上げます。Aさんは、午前八時に背広を着て革靴をはいて、カバンを持って家を出る。駅に向かって、バスか徒歩で最寄りの駅に行く。Bさんは午前八時十分に作業服を着て、工具らしい物の入ったバッグをかついで、同じ駅にバスで行く。Cさんは、午前七時五十分にTシャツとジーンズで、何も持たないでバスで駅に行く。Dさんは……Eさんは……。これら個々の経験的事実に共通しているのは、給料生活者と思われる人々が、特定の駅の近くに住んでいて、午前八時頃に、その駅からどこかの会社等に通うということです。現在の勤労者の約七割が、どこかの団体に所属していて月給をもらって生活をしているのです。女性の場合はブーツか普通のハイヒールの靴をはいていて、たいていは黒のスーツを着ているようです。金融関係の会社（銀行、証券、保険等）の窓口は、ほとんど彼女たちが顧客の対応に当たっています。昔はＢＧと言われていましたが、何年か前にＯＬ（オフィス・レディ）と言われるようになりました。

このように個々の経験的事実から共通の現象を取り上げて、結論を出すのです。男性と女性に共通なのは給料生活者という概念です。これは社会科学だけでなく自然科学の分野でも使われます。数学では数学的帰納法といわれています。生物では特定の種に共通している事実を挙げますと、長い鼻をもっていて、餌として草や果物を食べる動物は象であると認識されています。鼻ではなく、首が長い動物はキリンと認識されています。

経済の分野では、市場調査のときに使われるのが、この考えです。例えば、マンションの販売を業とする会社では、広告をどの新聞に出すかを調査しなければなりません。マンションの各戸が３ＬＤＫ以上で、価格が三千万円以上とすると、中流以上の経済力がある人が対象となります。この人々が講読している新聞は、たぶん「日本経済新聞」でしょう。この新聞に広告を出すか、チラシを入れることが必要です。簡単で効果的な方法には、公団や公社の住宅に住んでいる家庭にチラシを配る販売方法があります。公団や公社の住宅に入居するには、一定以上の収入があることが前提となります。これらの住居に入居しているということは、公団等の審査をパスしていることの証《あかし》です。マンションの部屋が1Kから5LDKくらいまでの広い範囲にわたる場合は、テレビのコマーシャルと「読売新聞」のような大部数の新聞での広告が望まれます。

このような考え方は、将来どのような分野で働く場合でも大切です。

第二十五章　麦ワラ帽子は冬に買え

アメリカのケネディ大統領（故人）のお父さんは麦ワラ帽子を冬に買ったそうです。もちろん商売のためですから沢山仕入れたのです。一個一ドルくらいだったそうです。その翌年の夏に一個十ドルで売って利益を得たそうです。

政府は年金について将来は六十五歳からの支給に決めたようです。六十歳で定年となると、五年間は自分で働くか、退職金で生活しなければなりません。それでは八十歳までにゼロになってしまいます。一番賢いのは、株式投資の勉強を五十歳くらいまでにやっておくことです。会社の選び方は、すでに述べましたから、その売買のタイミングについてヒントをあげます。成長会社の株が下がった時に買うのです。つまり、真夏に必要な麦ワラ帽子が、季節の上で不要になる真冬に仕入れたのと同じです。二割ぐらい上がったら売ってしまうのです。これをいろいろな会社でやると、老後の生活は悠々自適となるはずです。

第二十六章　人生における皮肉について

私の歯は四十八歳まで真っ白で虫歯はわずか一つしかなく、会社の検診などでは、「いい歯をしていますね」と言われ、私の誇りの一つでした。体は喘息で苦しんでいたので、全く信頼ができませんでした。この年齢のとき、ある病気にかかり、口の中がすごく乾く日が続きました。唾液《だえき》はほとんど出なくなり、仕方なく、甘いアメを口にして唾液の分泌促進を図りました。所期の目的は達したのですが、甘いアメのせいで自慢の歯がガタガタになってしまいました。今日では、七割ぐらいは入れ歯です。その時に飲んだ野菜ジュースのおかげで、あんなに苦しんだ喘息が完治したのです。

学生時代に経済的に恵まれなかったため、いろいろなアルバイトをしましたが、卒業前に、就職先としてコンピューターの会社を選びました。都市銀行の給与（初任給）が一万六千円の時に、二万円だったのです。賞与は半年に一回で、給与の四カ月分が支給され、大満足でした。しかも二万円は基本給だけで他の手当はありませんでした。交通費と残業手当だけはありました。卒業した年の十二月に、阪急電鉄神戸線の電車の中で、同じゼミの友人に出会って、賞与の支給額について話し合って驚きました。東京の一流商社に勤めていた友人は約三万二千円をもらったと打ち明けました。私は約三倍の十万円ほど支給されたからです。

日本の企業の給与は、基本給、職務手当、勤勉手当、家族手当等といくつもの手当があります。人件費を安くするためです。賞与は基本給に月数を掛けて算出します。友人の場合、給与は一万七千円で、基本給は一万円と言っていました。基本給に月数(三・二カ月)を掛けると前述の三万二千円となります。私の給与は二万八千円で、これに支給月数（四カ月）を掛けると、十一万二千円となり、所得税を引かれて、手取りが十万円くらいでした。ですから、友人の約三倍の賞与を支給されたのです。日本の企業は福利厚生のための設備がありますから、単純に比較はできませんが、約七万円の差ははっきりとしていました。

私が入社した会社は一年二カ月の研修期間を定めていました。午前九時から午後五時までコンピューターや数学の勉強でカンヅメでした。家に帰ってから、復習で二時間ぐらい費やしました。本当に疲れましたが、やり甲斐はありました。高校時代に物理が好きで、電流、電圧、抵抗、ベクトル（方向）の法則で、フレミングの法則をよく覚えていたので、役に立ちました。電流が流れると磁場ができて、電流を止めると磁場が消える。前者を1とし、後者を0としたのです。

このように毎日が勉強の連続で大変でした。お金を使う時間がないため、証券会社に勤務していた友人に、株の取引を依頼したのです。あるゴムの会社の株を空売りしたのです。生まれて初めての株取引が信用取引だったので、度胸がいりましたが、ほんの少し下がった時に売却し、利益を得ました。

くどくどと述べましたが、私は代償として自由に使える時間がほとんどなくなりました。労働のために自由に使える時間を売ったのです。

物理で、テコの原理を習ったことと思いますが、支点（力を加えるところが力点で、支点はテコを支える固定したところ）から距離が大きくなると力点に加える力は少なくてすみますが、反対に、その距離が小さく（短く）なると、力点に加える力は大きくなければなりません。

世の中のことがらは、すべてこの法則が当てはまると思います。空間を小さくした航空機に乗るためには、一時間ぐらい必要です。徒歩や自転車の場合は、自宅からの時間はゼロですし、電車だと駅までに約十五分の時間が必要です。

結論は事柄に表と裏があるということです。不況は、公害の程度を強から弱にしました。

第二十七章　結婚について

早い人は五年後ぐらいに、遅い人では十五年後ぐらいに人生の配偶者として、夫か妻と一緒に暮らすことになります。配偶者を選ぶに当たって、絶対に考慮に入れなければならない点を以下に記します。

まず、健康であることです。その次は、趣味が同じであることが望ましい。例えば、クラシック音楽は、それが好きでない人にはノイズと受け止められます。趣味が同じであれば話もはずみますが、逆の場合は話題に困ります。子供が生まれたら、何もかも子供が中心となります。私が学生の時に、ある先輩から「子供はペットの高級なものである」と聞きましたが、子供をもって実感しました。無心に眠っている赤ん坊の顔は本当に心から可愛いと思います。仕事の疲れがとれてしまいます。寝顔がニッコリと笑みを見せたら、力いっぱい抱きしめたくなります。

ここ五年ぐらいの間に、結婚をしないで仕事に人生の意義と喜びを見出す人が増えてきたように思われます。欧米の生活に似てきたのではないかと思います。会社の管理職として活躍されている女子の半分以上は独身です。アメリカやフランスに多いように思われます。専業主婦は、以前と比べるとかなり少なくなっています。働いている方が生き生きしていて、実際の年齢よりも若く見える人が多いように思います。JRの新幹線の運転手にも大学出の方がいます。宇宙飛行士の向井千秋さんもかなり若く見えます。

刃物と同じように、人間の頭脳や体も適度に使えば、老化の速度が遅くなるのです。普通の人は、六十歳で会社を定年退職し、第二の人生を年金だけで暮らすことになりますが、老化が速いようです。お医者さん等の専門職についている人は、年齢よりも十歳ぐらい若く見えます。適度の緊張がホルモンの分泌を正常にしてくれるのです。六十歳代で、ゲートボールをしている人は、老化がはっきりと見られます。私はこのような人とは交際しません。できるだけ若い人たちと交際（話だけ）するように心掛けています。そのためには若い人たちの流行や、考え方などを勉強しています。例えば、宇多田ヒカルと倉木麻衣の歌は歌えませんが、聴くのは好きです。モーニング娘の歌はピンときませんが、倉木麻衣は好きな歌手です。

あとがき

付録として、私が持っているCDとカセット・テープと書物をリストアップしましたので、参考にして下さい。＊印は、皆さんに持っていてほしいものに付けてあります。

本書で、何かプラスになるところがあれば幸いです。意見、質問等がありましたら、左記に往復ハガキでお願いします。

〒554−0002
大阪市此花区伝法六丁目三番四−九〇六号
（シンクタンク）
ランコーントル研究所
代表　山本　眞司

付録

一、書物（専門書）

法律関係

・六法全書　有斐閣（平成十年版）
・新六法　三省堂（平成十年度）
・デイリー六法　三省堂（平成十二年度）
・民法①～⑧　有斐閣（昭和三十九年版）
・民事訴訟法講義双書　青林書院新社（昭和五十三年版）
・民事執行法　商事法務研究会（昭和五十四年版）
・債権各論　青林書院新社（昭和五十三年版）
・相手を訴える法律知識　自由国民社（平成十一年版）
・泣き寝入りするな！　少額訴訟　明日香出版社（平成十一年版）
・民事再生法の全条文と解説　日本法令（平成十二年版）
・商事登記法の解説　一橋出版（平成十一年版）

経済関係

・経済白書　大蔵省印刷局（平成十二年版）

・経済白書　大蔵省印刷局（平成十年版）
・日本国勢図会　国勢社（平成十年版）
・日本国勢図会　国勢社（平成十二年版）
・資本主義の未来　ＴＢＳブリタニカ（平成十二年版）
・ビジネス日本　北泉社（昭和五十三年版）
・ＭＡＤＥ　ＩＮ　ＪＡＰＡＮ　朝日新聞社（昭和五十三年版）
・日本は日本のやり方で行け　ＰＨＰ研究所
・デリバティブのしくみ　日本実業出版社（平成十年版）
・金融商品総ガイド96　日本経済新聞社（平成九年版）
・二〇〇〇年　日本経済の進路　富士総合研究所（平成十二年版）
・二〇〇〇年　日本はこうなる　三和総合研究所（平成十二年版）
・二〇一〇年の危機　日本電気協会新聞部（平成九年版）
・日本経済の新課題　日本経済新聞社（平成四年版）
・日本の化学工学　岩波書店（昭和三十五年版）
・原価計算の知識　日本経済新聞社（平成十一年版）
・よくわかる証券学界　日本実業出版社（平成九年版）
・よくわかる航空業界　日本実業出版社（平成九年版）
・不動産金融危機　最後の処方箋　ダイヤモンド社（平成十一年版）

・危機からの再生　プレジデント社（平成七年版）
・アジア共円圏の時代　ＰＨＰ研究所（平成六年版）
・日本経済　盛衰の選択　ＰＨＰ研究所（昭和五十二年版）
・経済英語　英和活用辞典　日本経済新聞社（平成七年版）
・経済新語辞典　日本経済新聞社（平成十一年版）
・二十一世紀が見えた　徳間書店（平成七年版）
・二〇二〇年からの警鐘　日本経済新聞社（平成九年版）

コンピューター関係

・新世紀デジタル講義　新潮社（平成十二年版）
・日本ＩＢＭ企業文化戦略　ＴＢＳブリタニカ（昭和五十二年版）
・愛と哀しみのコンピュータ企業　宝島社（平成七年版）

書物（趣味）

〈自然科学〉

＊ＤＮＡで何がわかるか　講談社
＊地球文明の超革命　広済社
＊問題解決の方法　講談社

宇宙論が楽しくなる本　宝島社
現代のセックス　路書房
物理問題の総整理　洛陽社
最新宇宙論と天文学を楽しむ本　ＰＨＰ研究所
＊あぶない電磁波　三一書房
知的検索の技術　講談社
ポケットサイエンスⅠ　社会思想社
男と女事典　西東社
アルキメデスは手を汚さない　講談社
子どものいのちと健康を守る本　三笠書房
知って得する健康常識　ＰＨＰ研究所

〈社会科学〉

日本企業転落の日　講談社
日本人種戦争　広済社
＊メイド・イン・ジャパンヒストリー　徳間書店
麻雀・カラオケ・ゴルフはおやめなさい　ＰＨＰ研究所
数字が語る現代常識　青春出版社
ＣＩＡ　講談社

私の国家改造論　講談社
TVメディアの興亡　集英社
メディア情報活用法　英詩社
国際情勢がわかる本　かんき出版
イギリスと日本　岩波書店
*空想より科学へ　岩波書店
*「NO」と言える日本　光文社

〈人文科学〉

心理学　岩波書店
日本語練習帳　岩波書店
心理学　協同出版社
*敬語を使いこなす　講談社
血液型運勢診断　池田書店
心理テスト　三笠書房
文章読本　中央公論社
女心をひらく法　サンマーク出版
*ものの言い方使い方　青春出版社
ふたりの値段はいくら？　アミューズブックス

「聖書」がわかる！　三笠書房
＊考えるヒント　文芸春秋

〈**随筆（エッセイ）**〉

愛のことば　岩波書店
愛こそがすべて　角川書店
人は一生に四回生まれ変わる　三笠書房
関東と関西　ＰＨＰ研究所
若い両親へ　三笠書房
恋愛とは何か　角川書店
「捨てる！」技術　宝島社
得手に帆あげて　三笠書房
大阪人ＶＳ東京人　くらべてみたら…⁉　青春出版社
シングル・ライフ　中央公論社
ぐうたら生活入門　角川書店
＊人間の魅力　新潮社
話題に困らないネタ本　永岡書店
合コン速攻バイブル　二見書房
女心をひらく法　サンマーク出版

〈随筆〉（女性向け）

母親のための人生論　岩波書店
妻とよばれる27の心得　青春出版社
愛のまわりに　集英社
こんな生き方もある　角川書店
シングルズ　光文社
誰のために愛するか　角川書店
さよならなんてこわくない　角川書店
ゆれる24歳　講談社
もっと自分を伸ばすために読む5章　三笠書房
夜のチョコレート　角川書店
こんな私が看護婦してる　集英社
女が職場を去る日　新潮社
昨日までの恋の整理のしかた　マガジンハウス
この空を飛べたら　新潮社
別れてよかった　講談社
自分のスタイルを見つける本　三笠書房
女性がつくる21世紀　ユック舎

心理操作ができる本　三笠書房
愛と性の美学　角川書店
H　大えっちデラックス　扶桑社
おいしいOLしてみない？　角川書店
娘に伝えたいこと　光文社
君の恋のつづきを占おう　大和書房
女が独身時代に考えておくこと　三笠書房
スプーン一杯の幸せ　集英社
一週間で、とびきりおしゃれになる方法　三笠書房

〈小　説〉

青春の蹉跌　新潮社
青色革命　新潮社
はつ恋　新潮社
焼跡のイエス・処女懐胎　新潮社
金閣寺　新潮社
破戒　新潮社

〈詩　集〉

されどわれらが日々　文芸春秋

室生犀星詩集　新潮社

〈その他〉

非常のホイッスル　ごま書房

ビジネス文書の書き方　永岡書店

＊電子メール　三笠書房

囲碁初段　成美堂出版

二、雑　誌

週刊朝日　朝日新聞社

サンデー毎日　毎日新聞社

週刊現代　講談社

週刊ポスト　小学館

週刊宝石　光文社

アエラ　朝日新聞社

エコノミスト　毎日新聞社

ウェッジ　ウェッジ社

東洋経済　東洋経済新報社

〈雑誌〉（女性向け）

サリダ　学生後援会

ブランド　アポロ出版

とらばーゆ　リクルート

ミニ　宝島社

サイタ　芝パーク出版

マイ・バースデイ　実業の日本

チュウチュウ　角川書店

アンアン　マガジンハウス

三、音楽のカセット・テープとＣＤ

クラシック

ベートーヴェン

＊交響曲　第５番（運命）

＊交響曲　第６番（田園）

＊交響曲　第９番（合唱つき）

*ピアノ・ソナタ　第8番　ハ短調（悲愴）
*ピアノ・ソナタ　第14番　嬰ハ短調（月光）
*ピアノ・ソナタ　第23番　ヘ短調（熱情）
*エリーゼのために
愛の夢
トルコ行進曲
亜麻色の髪の乙女
春の歌
*愛の喜び
楽曲の時　第3番
調子のよい鍛冶屋
ヴェニスの舟歌
アラベスク　第1番
モーツァルト
交響曲　第25番　ト短調
交響曲　第29番　イ長調
*交響曲　第35番　ハフナー
交響曲　第40番　ト短調

*交響曲　第41番　ジュピター
*セレナード　第13番　ト短調
「アイネ・クライネ・ナハト・ムジーク」
トルコ行進曲
チャイコスフキー
*バレー音楽「眠りの森の美女」
バレー音楽「くるみ割り人形」
*バレー音楽「白鳥の湖」
*ピアノ協奏曲　第1番　変ロ短調
スラブ行進曲
シューベルト
交響曲　第4番
*交響曲　第8番「未完成」
即興曲　第4番　変イ長短
ドボルザーク
*交響曲　第9番「新世界より」
スラブ舞曲集
ヴィヴァルディ

＊ヴァイオリン協奏曲
「四季」（春、夏、秋、冬）
メンデルスゾーン
＊ヴァイオリン協奏曲
浮き雲　作品53の2
結婚行進曲
ドビュッシー
＊月の光
亜麻色の髪の乙女
エルガー
＊行進曲「威風堂々」
シューマン
＊子供の情景
予言の鳥
ブラームス
＊交響曲　第1番
ワルツ　第15番　変イ長調
ショパン

＊幻想即興曲
ノクターン　変ホ長調
ノクターン　ホ短調
＊ノクターン　嬰ハ短調　遺作
夜想曲　第1番　変ロ長調
＊夜想曲　第2番　変ホ長調
ワルツ嬰　ハ短調
マズルカ　変ロ長調
＊子守歌　変ニ長調
＊英雄ポロネーズ
軍隊ポロネーズ
＊革命のエチュード
別れのワルツ　変イ長調
雨だれ前奏曲　変ニ長調
前奏曲　イ長調
＊別れの曲
小犬のワルツ　変ニ長調

ラフマニノフ

＊ピアノ協奏曲　第2番
ヨハンシュトラウス1世
＊ラデツキー行進曲
ワーグナー
＊行進曲「双頭の鷲の旗の下に」
スーザ
＊行進曲「星条旗よ永遠なれ」

シャンソン
＊枯葉　パリのお嬢さん
セ・シ・ボン
パリ祭
ラ・セーヌ
ロマンス
幸福を売る男
パリの空の下
＊愛の讃歌
バダン・バダン

＊詩人の魂
パリの屋根の下
モン・パリ
黒いワシ
ドミノ
＊バラ色の人生
パリ・カナイユ
ラ・メール
パリのいたずらっ子
ラストダンスは私に

タンゴ

＊ラ・クンパルシータ
エル・チョクロ
ブラウエ・ヒンメル
ラ・パロマ
ラ・ヴィオレッタ
ヴィオレッタ

ア・メディア・ハワ
オレ・ガッパ
＊バラのタンゴ
＊青空
アディオス・パンパ・ミーナ
タンゴ・ボレロ
タンゴ・ノツルノ

歌謡曲
石原裕次郎
夜霧よ今夜も有難う
赤いハンカチ
俺は待ってるぜ
嵐を呼ぶ男
錆びたナイフ
泣かせるぜ
紅の翼
美空ひばり

＊川の流れのように
愛燦燦
残侠子守歌
しのぶ
乱れ髪
恋女房
裏町酒場
龍馬残影
人恋酒
リンゴ追分
哀愁出船
柔
おまえに惚れた
ひばりの佐渡情話
港町十三番地
悲しい酒
小椋佳
＊さらば青春

付　録

ミロール
あなたに首ったけ
メランコリー
＊バラ色の人生
雪が降る
明日は月の上で
夢の中に君がいる
ラストダンスは私に
誰もいない海
ワン・レイニー・ナイト・イン・トーキョー
セ・シ・ボン
そして今は
私の心はヴァイオリン
家へ帰るのが怖い
枯葉
別離
チャンスが欲しいの
＊愛の讃歌

付　録

映画音楽

E.T. メイン・テーマ

スーパーマンのテーマ

スター・ウォーズ　メイン・テーマ

レイダーズ　失われたアークのマーチ

小惑星の原野

ヨーダのテーマ

ダース・ベイダーのマーチ

「ジョーズ」のテーマ

「ピンク・パンサー」のテーマ

オズの魔法使い

イヴォーク族のパレード

ジャバ・ザ・ハット

森林での戦い

スイング（ジャズの初期）

ムーン・ライト・セレナード

イン・ザ・ムード

アメリカン・パトロール
真珠の首飾り
ヴォルガの舟歌
マイ・メランコリー・ベイビイ
サン・ライズ・セレナード
サタディ・ナイトのジューク・ボックス
セント・ルイス・ブルース・マーチ
アンヴィル・コーラス
星くず

童　謡

からたちの花
＊みかんの花咲く丘
揺籃のうた
＊思い出のアルバム
花嫁人形
＊この道
＊カナリヤ

抒情歌

付録

＊菩提樹
＊峠の我が家
＊ローレライ
＊オールド・ブラック・ジョー
アニー・ローリー
森へ行きましょう
サンタ・ルチア
おおブレネリ
おお牧場はみどり

ビートルズ
ミスター・ムーン・ライト
ザ・ナイト・ビフォー
ノー・リプライ
ノルウェジアン・ウッド
ノーウェア・マン
ピー・エス アイラブユー
ペーパーバック・ライター

ペニー・レーン
プリーズ・プリーズ・ミー
ロックアンドロールミュージック
サージェント・ペパーズ・ロンリー・ハーツ・クラブ・バンド
シー・ラブズ・ユー
テルミーホワット・ユー・シー
サンキュウガール
涙の乗車券
恋を抱きしめよう
イエロー・サブマリン
イエスタデイ
悲しみはぶっとばせ

その他の流行歌

メランコリー（梓みちよ）
＊四季の歌（芹洋子）
青葉城恋唄（佐藤宗幸）
夢芝居（梅沢富美男）

花から花へと（島津ゆたか）
女の港（大月みやこ）
ホテル（島津ゆたか）
木曽路の女（原田悠里）
女の駅（大月みやこ）
乱れ花（大月みやこ）
しのび宿（島津悦子）
おしどり人生（鏡五郎）
関東一本〆（二葉百合子）
星屑の町（三橋美智也）
長崎の女（春日八郎）
東京の灯よいつまでも（新川二郎）
女心の唄（バーブ佐竹）
まつのき小唄（二宮ゆき子）
さよならはダンスの後に（倍賞千恵子）
ヨイトマケの唄（美輪明宏）
東京流れもの（竹越ひろ子）
あの娘たずねて（佐々木新一）

唐獅子牡丹（高倉健）
ネオン川（バーブ佐竹）
岸壁の母（二葉百合子）
二人でお酒を（梓みちよ）
酒場にて（江利チエミ）
下町の太陽（倍賞千恵子）
恋のバカンス（ザ・ピーナッツ）
こんにちは赤ちゃん（梓みちよ）
＊夜明けのうた（岸洋子）
＊学生時代（ペギー葉山）
霧の摩周湖（布施明）
小指の想い出（伊東ゆかり）
虹色の湖（中村晃子）
恋のしずく（伊東ゆかり）
恋の季節（ピンキーとキラーズ）
白いブランコ（ビリー・バンバン）
＊希望（岸洋子）
絹の靴下（夏木マリ）

ドリーミング・オン・マイライフ（都はるみ）
たてがみ（長山洋子）
ふられ酒（長山洋子）
バース・デイ（都はるみ）
オリエンタル・ムーン（都はるみ）
しあわせになれる（マルシア）
2番目（マルシア）
花ごころ（河合美智子）
せつなくて（河合美智子）
*TOMORROW（岡本真夜）
ブルー・スター（岡本真夜）
夢のしずく（松たか子）
ごめんね（松たか子）
オン・ザ・ウェイ・ホーム（松たか子）
*ファースト・ラブ（宇多田ヒカル）
スノー・アゲイン（森高千里）
クリスマス（猿岩石）
真夏の光線（モーニング娘。）

恋の始発列車（モーニング娘。）
明日は明日の風が吹く（リンド・バーグ）
もっと愛しあいましょ（リンド・バーグ）
パラダイス（サザンオールスターズ）
クライ哀クライ（サザンオールスターズ）
ラブ・アフェアー秘密のデート（サザンオールスターズ）
私の世紀末カルテ（サザンオールスターズ）
すきま風（杉良太郎）
風が吹くまま（杉良太郎）
アワー・デイズ（鈴木あみ）
決心（長渕剛）
プロポーズ（長渕剛）
手のひら（長渕剛）
顔（長渕剛）
もう一人の俺（長渕剛）
プライベート（長渕剛）
白と黒（長渕剛）
ヒロイン（長渕剛）

暗闇の中の言葉（長渕剛）
＊乾杯（長渕剛）
フラッパー（小泉今日子）
哀愁ボーイ（小泉今日子）
木枯しに抱かれて（小泉今日子）
涙のセンターライン（小泉今日子）
魔女（小泉今日子）
スマイル・アゲイン（小泉今日子）
風のファルセット（小泉今日子）
胸いっぱいのイエスタディ（小泉今日子）
ツデイズ・ガール（小泉今日子）
夜明けのミュー（小泉今日子）
横浜・スイート・レイン（小泉今日子）
ワン・ムーン（小泉今日子）
二人（小泉今日子）
スター・ダスト・メモリー（小泉今日子）

著者プロフィール

山本 眞司（やまもと まさじ）

和歌山県生まれ
神戸大学経営学部卒業
日本アイ・ビー・エム㈱マネジャー
東京税理士会データ通信協同組合局長を歴任

高校生のための人生設計ガイド・ブック

2002年9月15日　初版第1刷発行

著　者　山本 眞司
発行者　瓜谷 綱延
発行所　株式会社文芸社
〒160-0022　東京都新宿区新宿1-10-1
電話　03-5369-3060（編集）
03-5369-2299（販売）
振替　00190-8-728265

印刷所　株式会社平河工業社

ISBN4-8355-4391-2 C0095